Impressum
Verlag: BABADADA GmbH, Nedderfeld 112 , 22529 Hamburg
Geschäftsführer / Verlagsleitung: Harald Hof
Druck: Books on Demand GmbH, In de Tarpen 42, 22848 Norderstedt

Imprint
Publisher: BABADADA GmbH, Nedderfeld 112 , 22529 Hamburg, Germany
Managing Director / Publishing direction: Harald Hof
Print: Books on Demand GmbH, In de Tarpen 42, 22848 Norderstedt, Germany

1

skola

die Schule

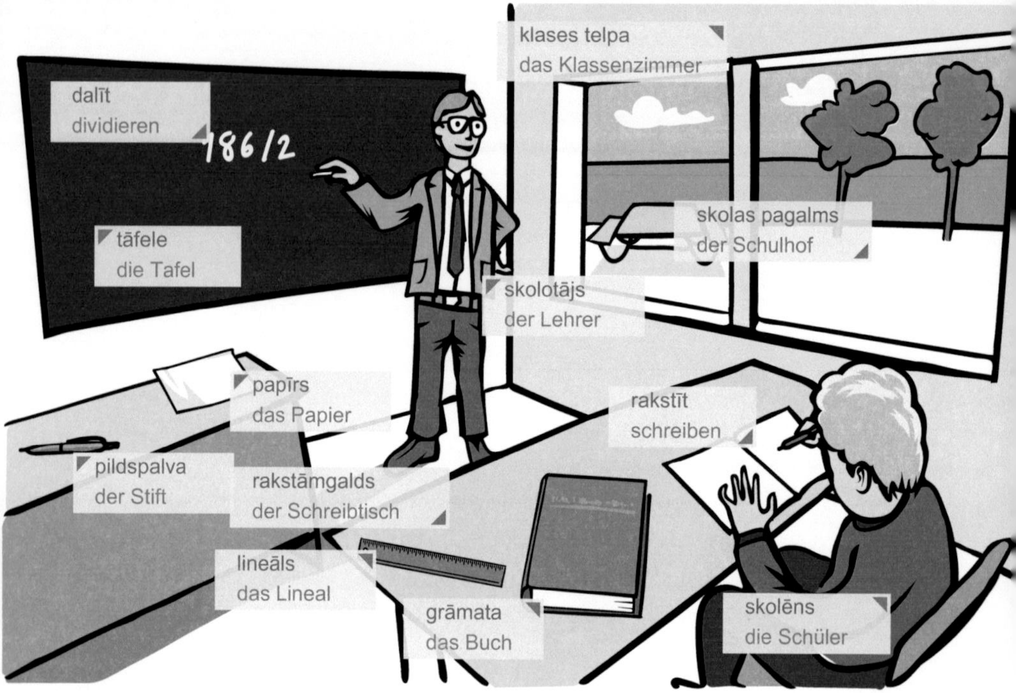

klases telpa
das Klassenzimmer
dalīt
dividieren
186/2
tāfele
die Tafel
skolas pagalms
der Schulhof
skolotājs
der Lehrer
papīrs
das Papier
rakstīt
schreiben
pildspalva
der Stift
rakstāmgalds
der Schreibtisch
lineāls
das Lineal
grāmata
das Buch
skolēns
die Schüler

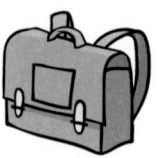

skolas soma

der Ranzen

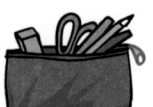

penālis

die Federmappe

zīmulis

der Bleistift

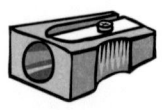

zīmuļu asināmais

der Bleistiftanspitzer

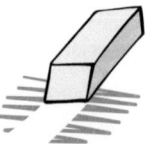

dzēšgumija

das Radiergummi

zīmēšanas bloks

der Zeichenblock

zīmējums

die Zeichnung

ota

der Pinsel

krāsas

der Malkasten

šķēres

die Schere

līme

der Klebstoff

darba burtnīca

das Übungsheft

mājas darbs

die Hausaufgabe

12

skaitlis

die Zahl

2+2

saskaitīt

addieren

5-2

atņemt

subtrahieren

2×2

reizināt

multiplizieren

rēķināt

rechnen

A

burts

der Buchstabe

ABCDEFG
HIJKLMN
OPQRSTU
VWXYZ

alfabēts

das Alphabet

hello

vārds

das Wort

teksts

der Text

lasīt

lesen

krīts

die Kreide

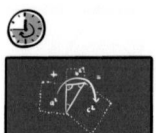

mācību stunda

die Stunde

žurnāls

das Klassenbuch

eksāmens

die Prüfung

liecība

das Zeugnis

skolas forma

die Schuluniform

izglītība

die Ausbildung

enciklopēdija

das Lexikon

universitāte

die Universität

mikroskops

das Mikroskop

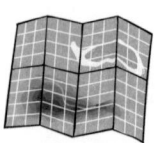

karte

die Karte

papīrgrozs

der Papierkorb

ceļojums
die Reise

viesnīca
das Hotel
Grand
hostelis
die Herberge
ROOMS
valūtas maiņas punkts
die Wechselstube
čemodāns
der Koffer
automašīna
das Auto

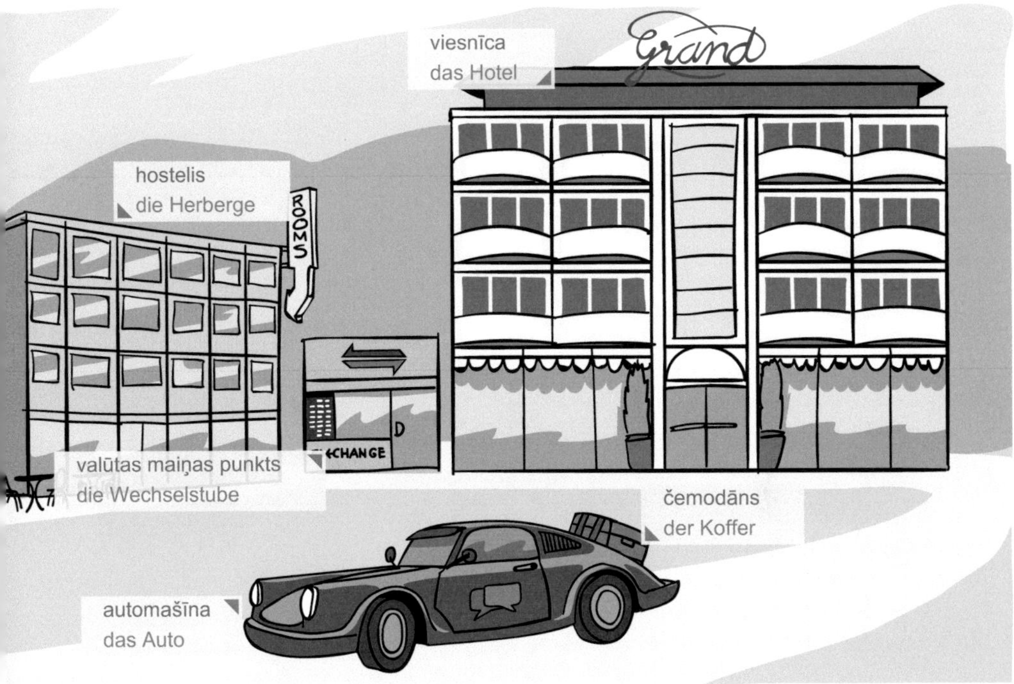

Valoda

die Sprache

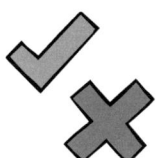

jā / nē

ja / nein

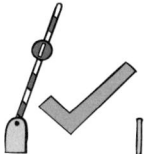

Okay

Okay

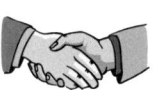

Sveiki!

Hallo

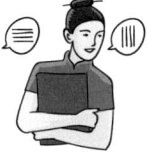

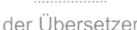

tulks

der Übersetzer

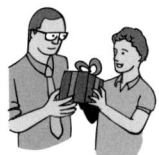

paldies

Danke

Cik maksā...?

Was kostet...?

Es nesaprotu

Ich verstehe nicht

problēma

das Problem

Labvakar!

Guten Abend!

Labrīt!

Guten Morgen!

Ar labu nakti!

Gute Nacht!

Uz redzēšanos

Auf Wiedersehen

virziens

die Richtung

bagāža

das Gepäck

soma

die Tasche

mugursoma

der Rucksack

viesis

der Gast

istaba

das Zimmer

guļammaiss

der Schlafsack

telts

das Zelt

tūrisma informācija

die Touristeninformation

pludmale

der Strand

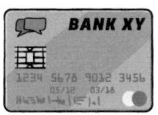

kredītkarte

die Kreditkarte

brokastis

das Frühstück

pusdienas

das Mittagessen

vakariņas

das Abendessen

biļete

die Fahrkarte

lifts

der Fahrstuhl

pastmarka

die Briefmarke

robeža

die Grenze

muita

der Zoll

vēstniecība

die Botschaft

vīza

das Visum

pase

der Pass

transports
der Transport

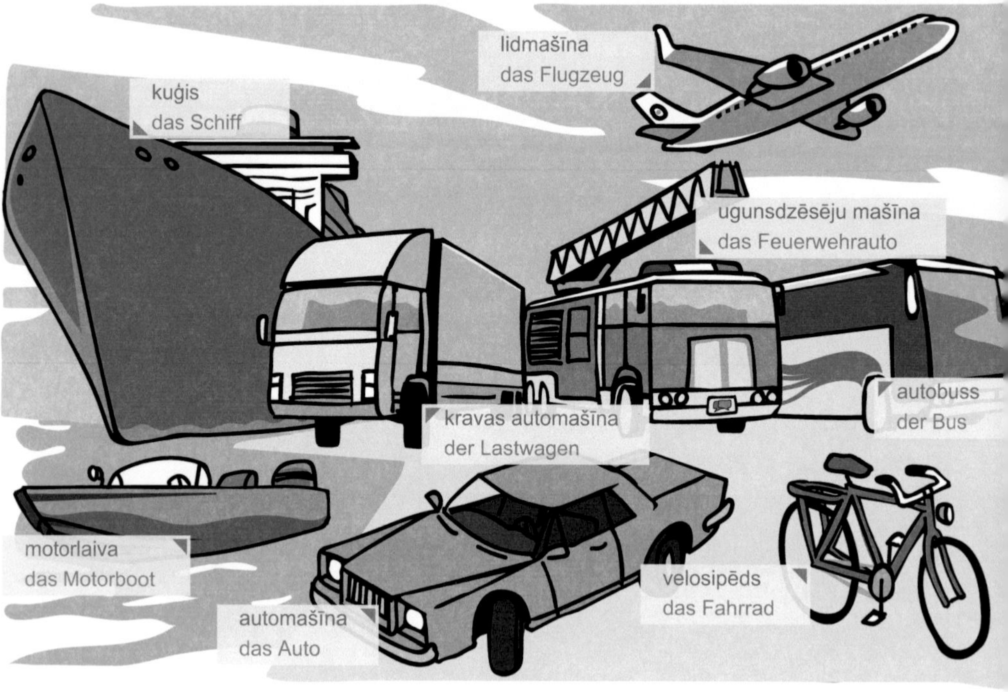

lidmašīna
das Flugzeug

kuģis
das Schiff

ugunsdzēsēju mašīna
das Feuerwehrauto

autobuss
der Bus

kravas automašīna
der Lastwagen

motorlaiva
das Motorboot

velosipēds
das Fahrrad

automašīna
das Auto

prāmis

die Fähre

laiva

das Boot

motocikls

das Motorrad

policijas automašīna

das Polizeiauto

sacīkšu automobilis

das Rennauto

nomas auto

der Mietwagen

auto koplietošana

das Carsharing

evakuators

der Abschleppwagen

atkritumu mašīna

das Müllauto

dzinējs

der Motor

benzīns

der Kraftstoff

degvielas uzpildes stacija

die Tankstelle

ceļa zīme

das Verkehrsschild

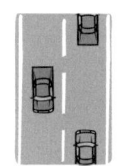

satiksme

der Verkehr

sastrēgums

der Stau

stāvvieta

der Parkplatz

dzelzceļa stacija

der Bahnhof

sliedes

die Schienen

vilciens

der Zug

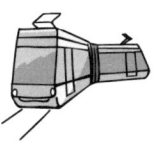

tramvajs

die Straßenbahn

vagons

der Wagon

helikopters

der Helikopter

lidosta

der Flughafen

tornis

der Tower

pasažieris

der Passagier

konteiners

der Container

kaste

der Karton

ratiņi

der Karren

grozs

der Korb

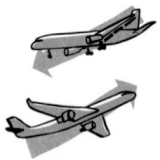

pacelties / nosēsties

starten / landen

pilsēta
die Stadt

ciems

das Dorf

pilsētas centrs

das Stadtzentrum

māja

das Haus

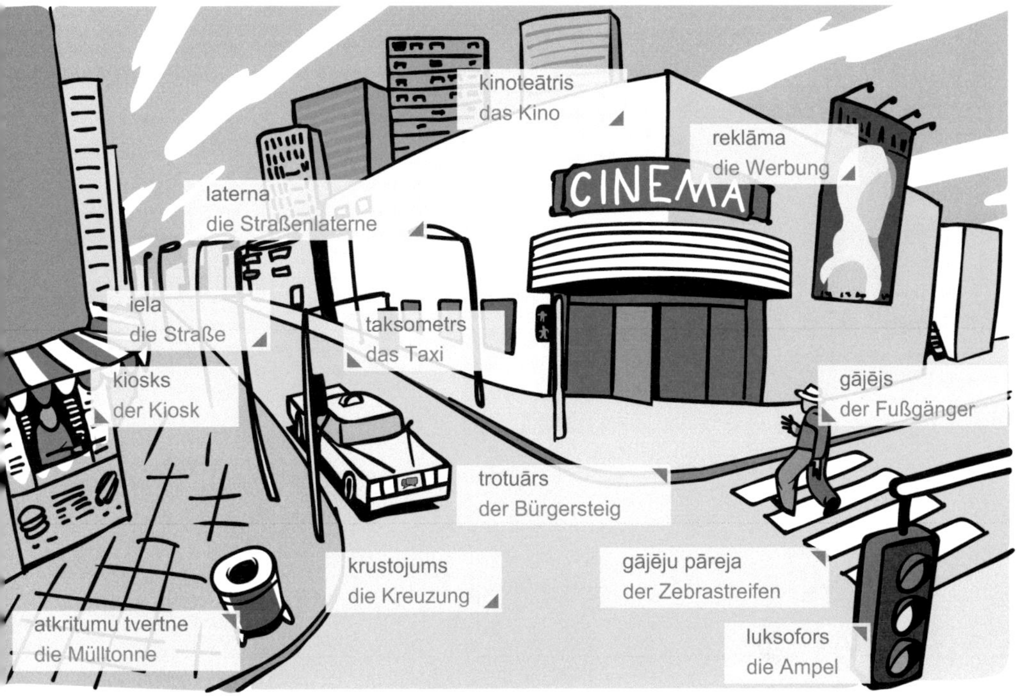

kinoteātris
das Kino

reklāma
die Werbung

laterna
die Straßenlaterne

iela
die Straße

taksometrs
das Taxi

gājējs
der Fußgänger

kiosks
der Kiosk

trotuārs
der Bürgersteig

krustojums
die Kreuzung

gājēju pāreja
der Zebrastreifen

atkritumu tvertne
die Mülltonne

luksofors
die Ampel

būda
die Hütte

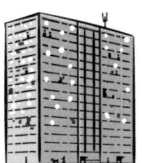

dzīvoklis
die Wohnung

dzelzceļa stacija
der Bahnhof

rātsnams
das Rathaus

muzejs
das Museum

skola
die Schule

pilsēta - die Stadt

universitāte

die Universität

banka

die Bank

slimnīca

das Krankenhaus

viesnīca

das Hotel

aptieka

die Apotheke

birojs

das Büro

grāmatnīca

die Buchhandlung

veikals

das Geschäft

ziedu veikals

der Blumenladen

lielveikals

der Supermarkt

tirgus

der Markt

tirdzniecības centrs

das Kaufhaus

zivju tirgotājs

der Fischhändler

tirdzniecības centrs

das Einkaufszentrum

osta

der Hafen

parks
der Park

sols
die Bank

tilts
die Brücke

kāpnes
die Treppe

metro
die U-Bahn

tunelis
der Tunnel

autobusa pieturvieta
die Bushaltestelle

bārs
die Bar

restorāns
das Restaurant

pastkastīte
der Briefkasten

ielas nosaukuma plāksne
das Straßenschild

stāvlaika skaitītājs
die Parkuhr

zooloģiskais dārzs
der Zoo

peldbaseins
die Badeanstalt

mošeja
die Moschee

pilsēta - die Stadt

zemnieku saimniecība

der Bauernhof

vides piesārņojums

die Umweltverschmutzung

kapsēta

der Friedhof

baznīca

die Kirche

spēļu laukums

der Spielplatz

templis

der Tempel

ainava
die Landschaft

lapa
das Blatt

ceļrādis
der Wegweiser

ceļš
der Weg

pļava
die Wiese

akmens
der Stein

koks
der Baum

ceļotājs
der Wanderer

upe
der Fluss

zāle
das Gras

puķe
die Blume

ieleja

das Tal

kalns

der Berg

ezers

der See

mežs

der Wald

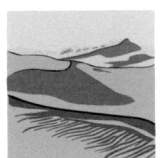

tuksnesis

die Wüste

vulkāns

der Vulkan

pils

das Schloss

varavīksne

der Regenbogen

sēne

der Pilz

palma

die Palme

moskīts

der Moskito

muša

die Fliege

skudra

die Ameise

bite

die Biene

zirneklis

die Spinne

vabole

der Käfer

varde

der Frosch

vāvere

das Eichhörnchen

ezis

der Igel

zaķis

der Hase

pūce

die Eule

putns

die Vogel

gulbis

der Schwan

meža cūka

das Wildschwein

briedis

der Hirsch

alnis

der Elch

aizsprosts

der Staudamm

vēja ģenerators

das Windrad

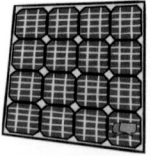

saules baterija

das Solarmodul

klimats

das Klima

restorāns
das Restaurant

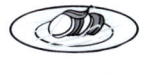

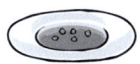

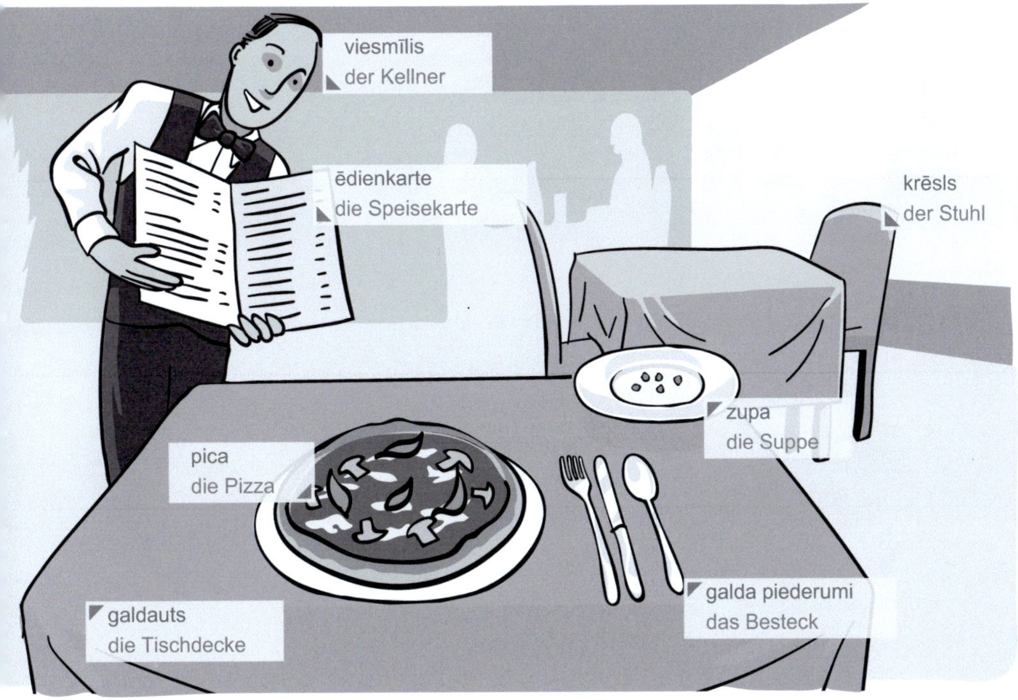

viesmīlis
der Kellner
ēdienkarte
die Speisekarte
krēsls
der Stuhl
zupa
die Suppe
pica
die Pizza
galda piederumi
das Besteck
galdauts
die Tischdecke

uzkoda

die Vorspeise

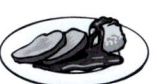

pamatēdiens

das Hauptgericht

deserts

die Nachspeise

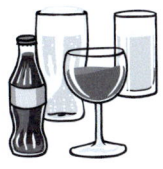

dzērieni

die Getränke

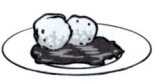

ēdiens

das Essen

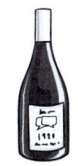

pudele

die Flasche

ātrās uzkodas

das Fastfood

ielu uzkodas

das Streetfood

tējkanna

die Teekanne

cukurtrauks

die Zuckerdose

porcija

die Portion

espresso kafijas automāts

die Espressomaschine

bāra krēsls

der Hochstuhl

rēķins

die Rechnung

paplāte

das Tablett

nazis

das Messer

dakša

die Gabel

karote

der Löffel

tējkarote

der Teelöffel

salvete

die Serviette

glāze

das Glas

šķīvis
der Teller

zupas šķīvis
der Suppenteller

apakštase
die Untertasse

mērce
die Sauce

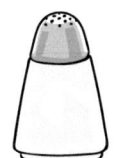

sāls trauciņš
der Salzstreuer

piparu dzirnaviņas
die Pfeffermühle

etiķis
der Essig

eļļa
das Öl

garšvielas
die Gewürze

kečups
das Ketchup

sinepes
der Senf

majonēze
die Mayonnaise

lielveikals

der Supermarkt

piedāvājums
das Angebot
FOR
klients
der Kunde
piena produkti
die Milchprodukte
augļi
das Obst
iepirkumu ratiņi
der Einkaufswagen

BUTCHERS

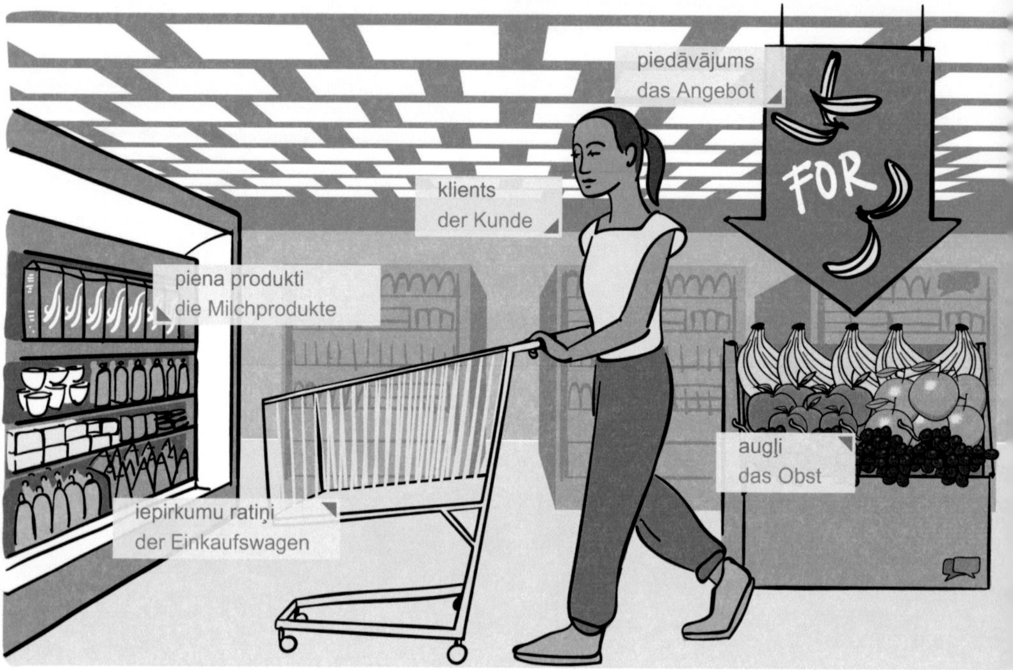

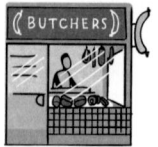

kautuve

die Schlachterei

BAKERY

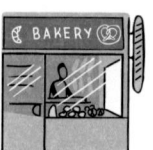

maizes veikals

die Bäckerei

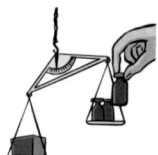

svērt

wiegen

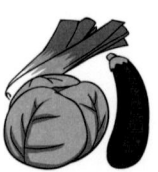

dārzeņi

das Gemüse

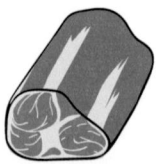

gaļa

das Fleisch

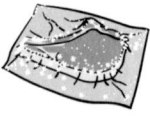

saldēti produkti

die Tiefkühlkost

aukstās gaļas uzkodas

der Aufschnitt

konservi

die Konserven

pulveris

das Waschmittel

saldumi

die Süßigkeiten

mājsaimniecības preces

die Haushaltsartikel

tīrīšanas līdzeklis

das Reinigungsmittel

pārdevēja

die Verkäuferin

kase

die Kasse

kasieris

der Kassierer

iepirkumu saraksts

die Einkaufsliste

darba laiks

die Öffnungszeiten

maks

die Brieftasche

kredītkarte

die Kreditkarte

soma

die Tasche

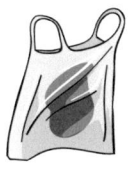

maisiņš

die Plastiktüte

ūdens

das Wasser

sula

der Saft

piens

die Milch

kola

die Cola

vīns

der Wein

alus

das Bier

alkohols

der Alkohol

kakao

der Kakao

tēja

der Tee

kafija

der Kaffee

espresso

der Espresso

kapučīno

der Cappuccino

banāns

die Banane

ābols

der Apfel

apelsīns

die Orange

melone

die Melone

citrons

die Zitrone

burkāns

die Karotte

ķiploks

der Knoblauch

bambuss

der Bambus

sīpols

die Zwiebel

sēne

der Pilz

rieksti

die Nüsse

makaroni

die Nudeln

spageti

die Spaghetti

rīsi

der Reis

salāti

der Salat

frī kartupeļi

die Pommes frites

cepti kartupeļi

die Bratkartoffeln

pica

die Pizza

hamburgers

der Hamburger

sviestmaize

das Sandwich

šnicele

das Schnitzel

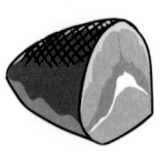

šķiņķis

der Schinken

salami

die Salami

desa

die Wurst

vista

das Huhn

cepetis

der Braten

zivs

der Fisch

auzu pārslas

die Haferflocken

muslis

das Müsli

brokastu pārslas

die Cornflakes

milti

das Mehl

radziņš

das Croissant

brokastu maizītes

das Brötchen

maize

das Brot

tostermaize

der Toast

cepumi

die Kekse

sviests

die Butter

biezpiens

der Quark

kūka

der Kuchen

ola

das Ei

cepta ola

das Spiegelei

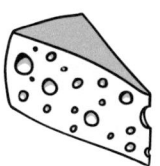

siers

der Käse

saldējums

die Eiscreme

cukurs

der Zucker

medus

der Honig

marmelāde

die Marmelade

riekstu krēms

die Nougat-Creme

karijs

das Curry

zemnieku saimniecība
der Bauernhof

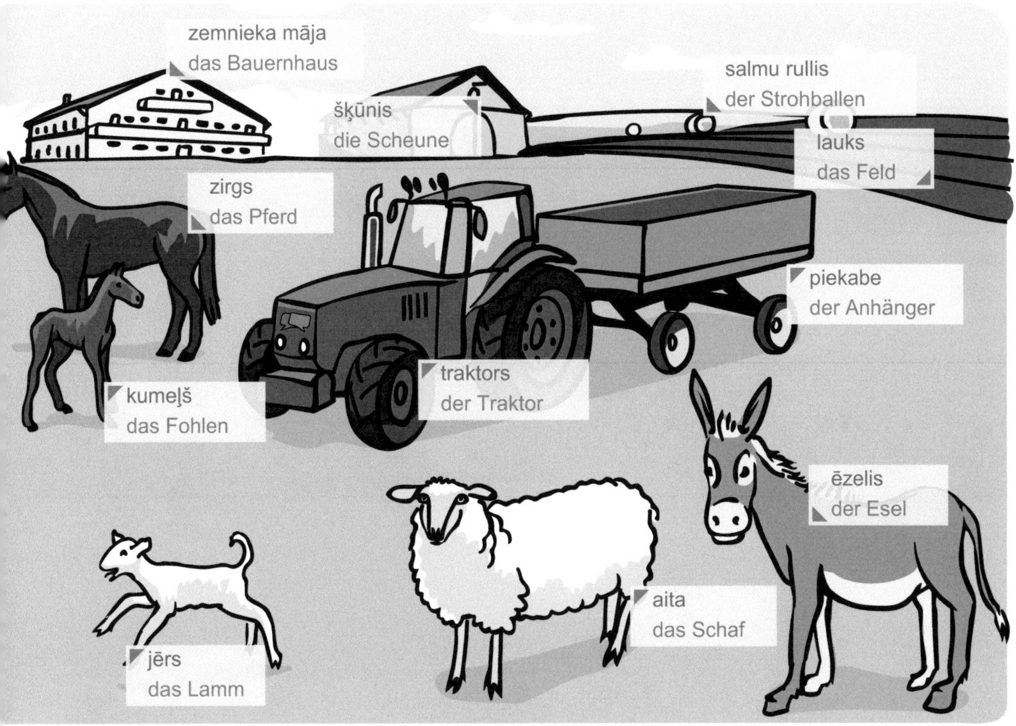

zemnieka māja
das Bauernhaus
šķūnis
die Scheune
salmu rullis
der Strohballen
lauks
das Feld
zirgs
das Pferd
piekabe
der Anhänger
traktors
der Traktor
kumeļš
das Fohlen
ēzelis
der Esel
aita
das Schaf
jērs
das Lamm

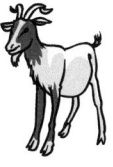

kaza

die Ziege

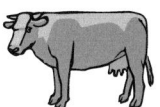

govs

die Kuh

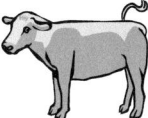

teļš

das Kalb

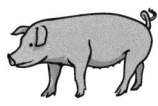

cūka

das Schwein

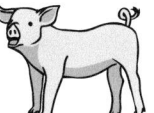

sivēns

das Ferkel

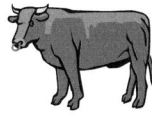

bullis

der Bulle

zoss

die Gans

pīle

die Ente

cālis

das Küken

vista

das Huhn

gailis

der Hahn

žurka

die Ratte

kaķis

die Katze

pele

die Maus

vērsis

der Ochse

suns

der Hund

suņa būda

die Hundehütte

dārza šļūtene

der Gartenschlauch

lejkanna

die Gießkanne

izkapts

die Sense

arkls

der Pflug

sirpis

die Sichel

kaplis

die Hacke

mēslu dakša

die Mistgabel

cirvis

die Axt

ķerra

die Schubkarre

sile

der Trog

piena kanna

die Milchkanne

maiss

der Sack

žogs

der Zaun

kūts

der Stall

siltumnīca

das Treibhaus

augsne

der Boden

sēklas

die Saat

mēslojums

der Dünger

kombains

der Mähdrescher

novākt ražu

ernten

raža

die Ernte

jamss

die Yamswurzel

kvieši

der Weizen

soja

das Soja

kartupelis

die Kartoffel

kukurūza

der Mais

rapsis

der Raps

augļu koks

der Obstbaum

manioka

der Maniok

labība

das Getreide

māja
das Haus

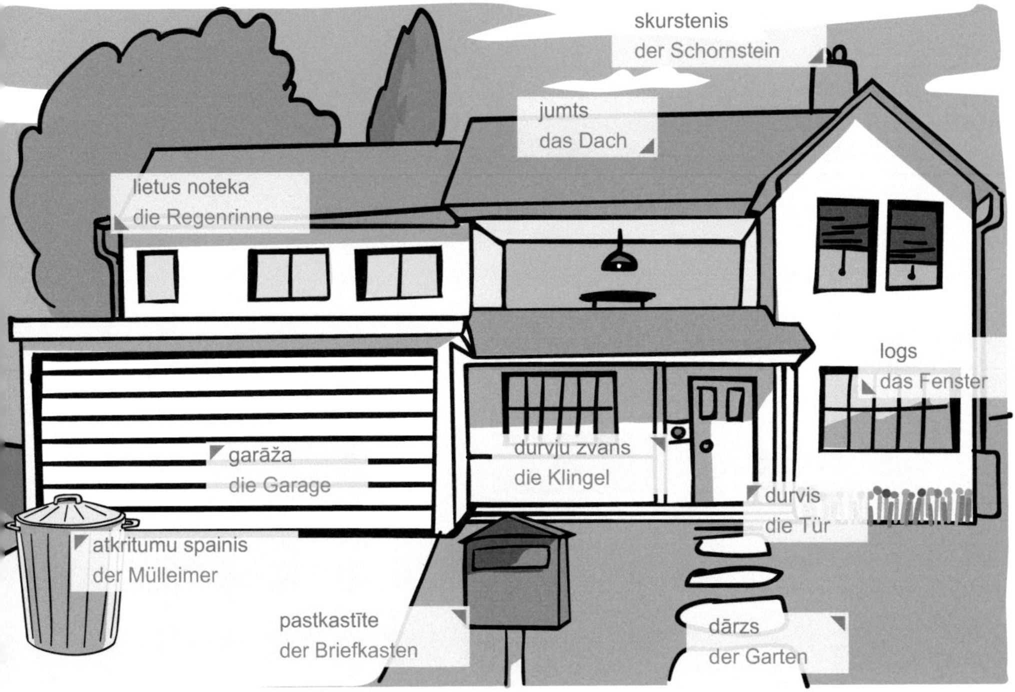

skurstenis
der Schornstein
jumts
das Dach
lietus noteka
die Regenrinne
logs
das Fenster
garāža
die Garage
durvju zvans
die Klingel
durvis
die Tür
atkritumu spainis
der Mülleimer
pastkastīte
der Briefkasten
dārzs
der Garten

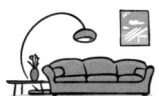

viesistaba

das Wohnzimmer

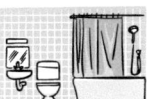

vannas istaba

das Badezimmer

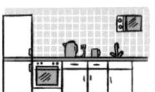

virtuve

die Küche

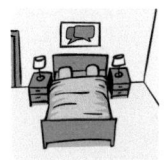

guļamistaba

das Schlafzimmer

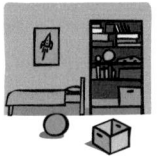

bērnu istaba

das Kinderzimmer

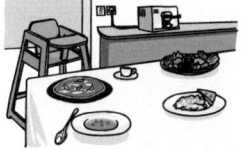

ēdamistaba

das Esszimmer

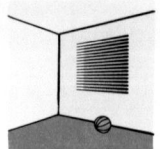

grīda
der Boden

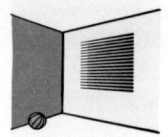

siena
die Wand

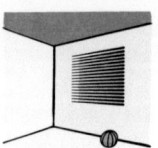

griesti
die Decke

pagrabs
der Keller

sauna
die Sauna

balkons
der Balkon

terase
die Terrasse

baseins
das Schwimmbad

zāles pļāvējs
der Rasenmäher

gultas veļa
der Bettbezug

sega
die Bettdecke

gulta
das Bett

slota
der Besen

spainis
der Eimer

slēdzis
der Schalter

viesistaba
das Wohnzimmer

tapetes
die Tapete
attēls
das Bild
lampa
die Lampe
plaukts
das Regal
skapis
der Schrank
televizors
der Fernseher
kamīns
der Kamin
puķe
die Blume
spilvens
das Kissen
dīvāns
das Sofa
vāze
die Vase
tālvadības pults
die Fernbedienung

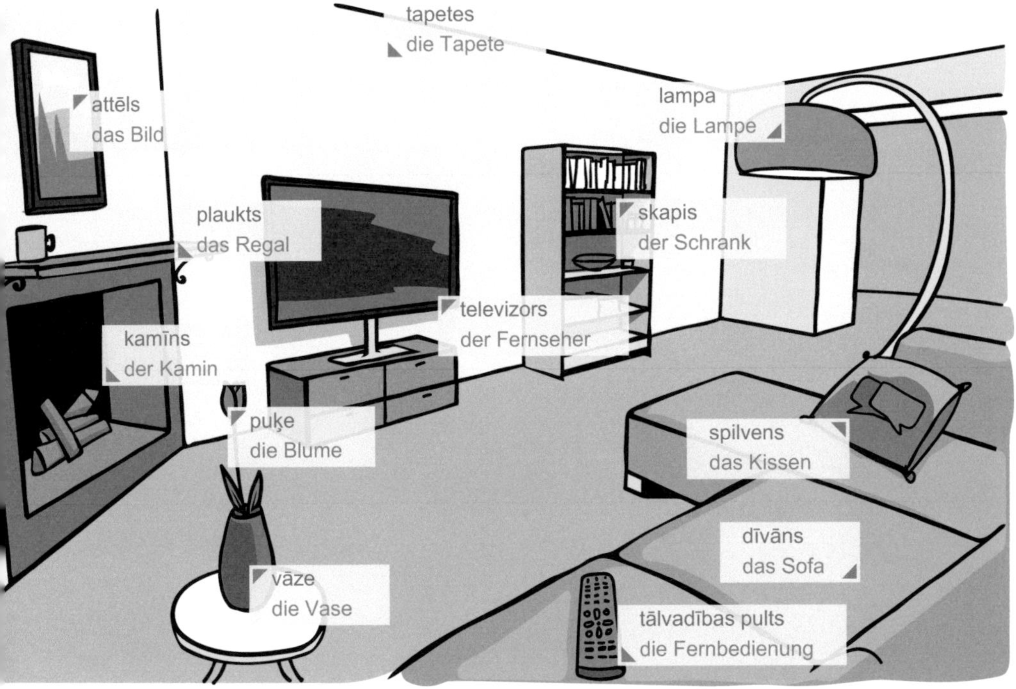

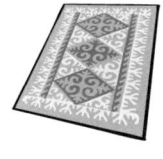

paklājs
der Teppich

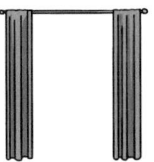

aizkars
der Vorhang

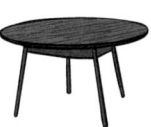

galds
der Tisch

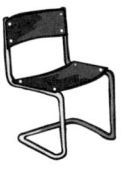

krēsls
der Stuhl

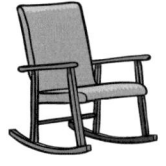

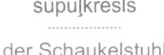

šūpuļkrēsls
der Schaukelstuhl

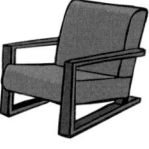

atpūtas krēsls
der Sessel

grāmata

das Buch

sega

die Decke

dekorācija

die Dekoration

malka

das Feuerholz

filma

der Film

mūzikas centrs

die Stereoanlage

atslēga

der Schlüssel

avīze

die Zeitung

glezna

das Gemälde

plakāts

das Poster

radio

das Radio

pierakstu blociņš

der Notizblock

putekļu sūcējs

der Staubsauger

kaktuss

der Kaktus

svece

die Kerze

virtuve
die Küche

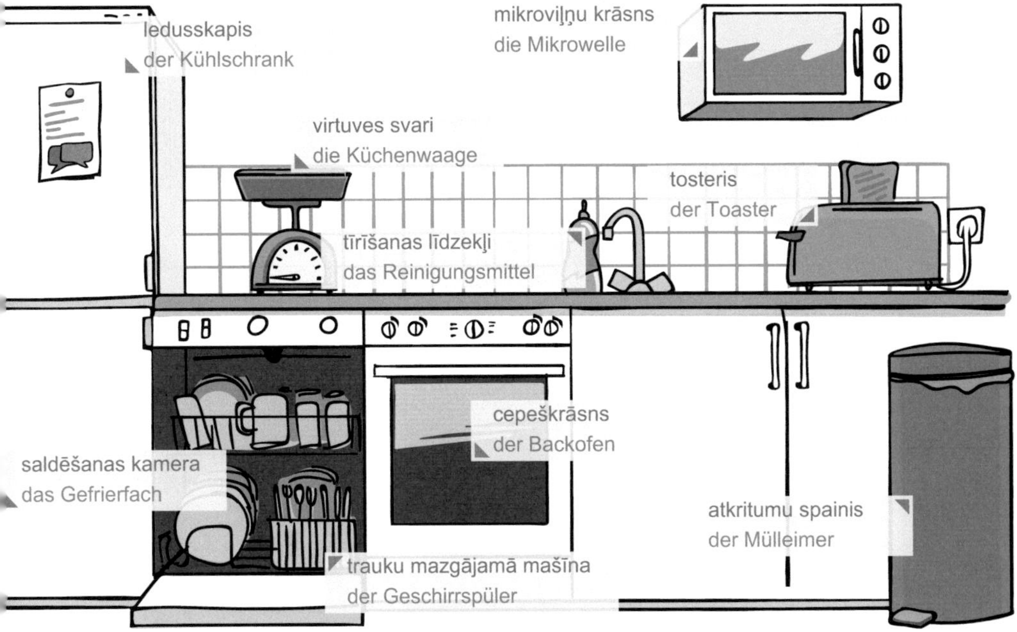
ledusskapis
der Kühlschrank
mikroviļņu krāsns
die Mikrowelle
virtuves svari
die Küchenwaage
tosteris
der Toaster
tīrīšanas līdzekļi
das Reinigungsmittel
cepeškrāsns
der Backofen
saldēšanas kamera
das Gefrierfach
atkritumu spainis
der Mülleimer
trauku mazgājamā mašīna
der Geschirrspüler

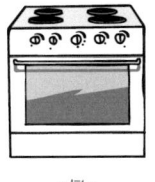

plīts
....
der Herd

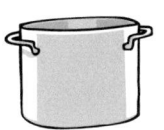

pods
....
der Topf

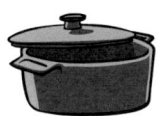

katls
....
der Eisentopf

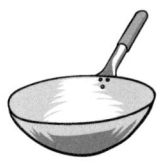

Wok panna
....
der Wok / Kadai

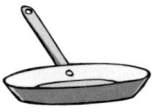

panna
....
die Pfanne

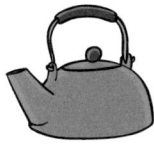

elektriskā tējkanna
....
der Wasserkocher

tvaika katls

der Dampfgarer

cepešpanna

das Backblech

trauki

das Geschirr

krūze

der Becher

bļoda

die Schale

irbulīši

die Essstäbchen

kauss

die Suppenkelle

lāpstiņa

der Pfannenwender

putošanas slotiņa

der Schneebesen

sietiņš

das Kochsieb

siets

das Sieb

rīve

die Reibe

piesta

der Mörser

grilēt

der Grill

atklāts pavards

die Feuerstelle

dēlis

das Schneidebrett

mīklas rullis

das Nudelholz

korķu vilķis

der Korkenzieher

bundža

die Dose

konservu nazis

der Dosenöffner

virtuves cimdi

der Topflappen

izlietne

das Waschbecken

birste

die Bürste

sūklis

der Schwamm

mikseris

der Mixer

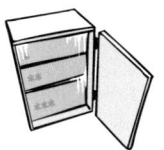

saldētava

die Gefriertruhe

bērna pudelīte

die Babyflasche

ūdenskrāns

der Wasserhahn

vannas istaba
das Badezimmer

apkure
die Heizung
duša
die Dusche
dvielis
das Handtuch
dušas aizkari
der Duschvorhang
vannas putas
das Schaumbad
vanna
die Badewanne
glāze
das Glas
veļas mašīna
die Waschmaschine
ūdenskrāns
der Wasserhahn
flīzes
die Fliesen
podiņš
das Töpfchen
izlietne
das Waschbecken

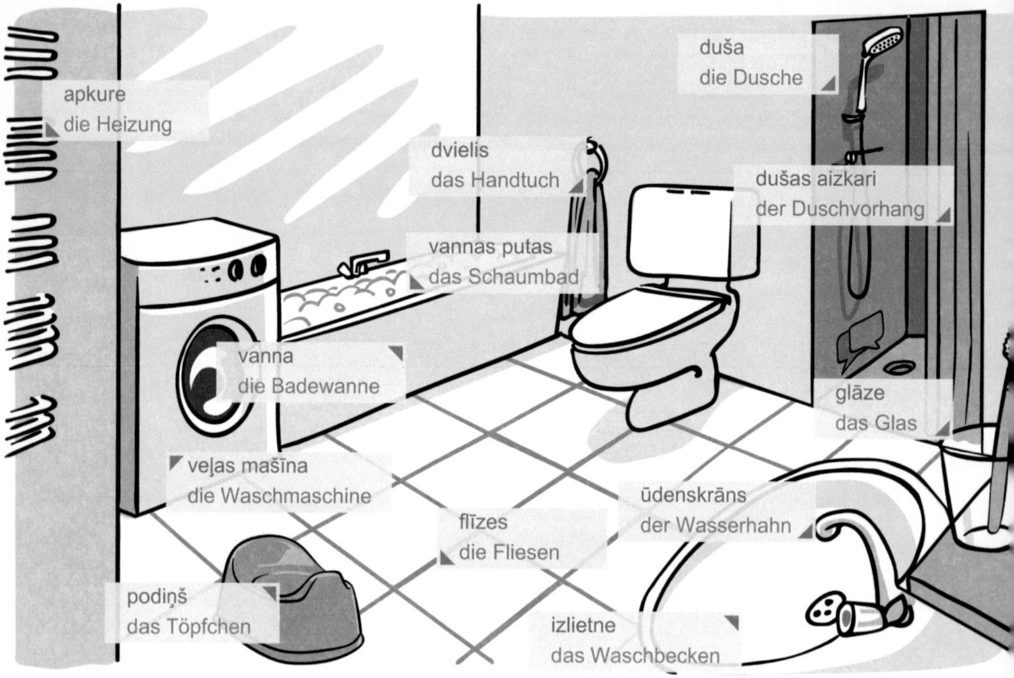

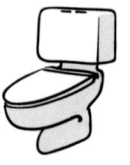

tualetes pods

die Toilette

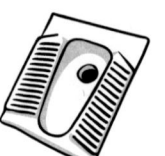

Āzijas tipa tualete

die Hocktoilette

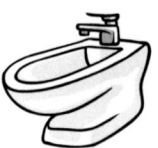

bidē

das Bidet

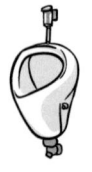

pisuārs

das Pissoir

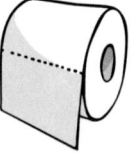

tualetes papīs

das Toilettenpapier

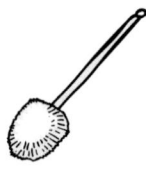

tualetes birste

die Toilettenbürste

zobu birste

die Zahnbürste

zobu pasta

die Zahnpasta

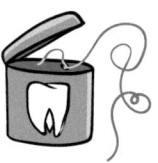

zobu diegs

die Zahnseide

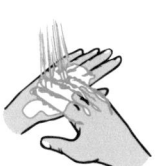

mazgāt

waschen

rokas duša

die Handbrause

duša

die Intimdusche

bļoda

die Waschschüssel

muguras mazgāšanas birste

die Rückenbürste

ziepes

die Seife

dušas želeja

das Duschgel

šampūns

das Shampoo

mazgāšanas drāna

der Waschlappen

noteka

der Abfluss

krēms

die Creme

dezodorants

das Deodorant

spogulis

der Spiegel

spogulītis

der Kosmetikspiegel

skuveklis

der Rasierer

skūšanās putas

der Rasierschaum

losjons pēc skūšanās

das Rasierwasser

ķemme

der Kamm

matu suka

die Bürste

matu fēns

der Föhn

matu laka

das Haarspray

grima komplekts

das Makeup

lūpu krāsa

der Lippenstift

nagulaka

der Nagellack

vate

die Watte

šķērītes

die Nagelschere

smaržas

das Parfum

kosmētikas maks

der Kulturbeutel

ķeblītis

der Hocker

svari

die Waage

halāts

der Bademantel

tīrīšanas cimdi

die Gummihandschuhe

tampons

das Tampon

pakete

die Damenbinde

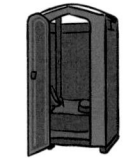

ķīmiskā tualete

die Chemietoilette

bērnu istaba

das Kinderzimmer

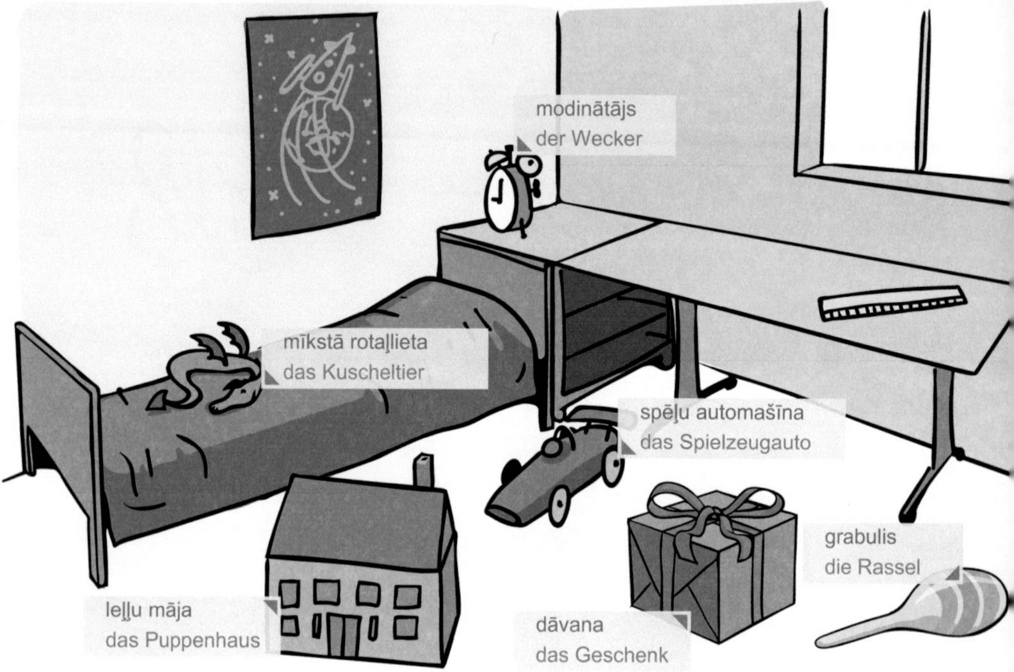
modinātājs
der Wecker
mīkstā rotaļlieta
das Kuscheltier
spēļu automašīna
das Spielzeugauto
grabulis
die Rassel
leļļu māja
das Puppenhaus
dāvana
das Geschenk

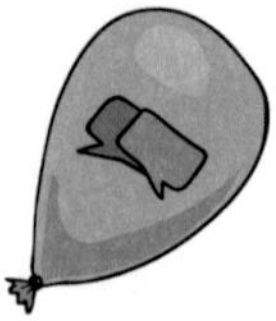

balons

der Ballon

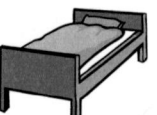

gulta

das Bett

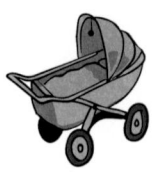

bērnu ratiņi

der Kinderwagen

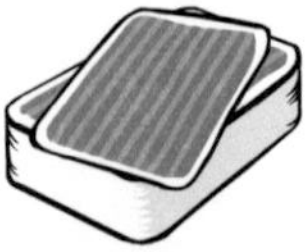

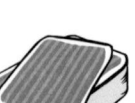

kārtis

das Kartenspiel

puzle

das Puzzle

SUPER
MEGA

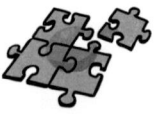

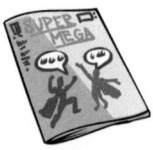

komikss

der Comic

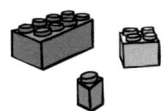

LEGO klucīši

die Legosteine

klucīši

die Bausteine

varoņu figūra

die Action Figur

rāpulītis

der Strampelanzug

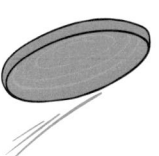

lidojošais šķīvītis

das Frisbee

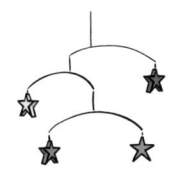

muzikālais karuselis

das Mobile

galda spēle

das Brettspiel

metamais kauliņš

der Würfel

rotaļu dzelzceļš

die Modelleisenbahn

māneklis

der Schnuller

ballīte

die Party

bilžu grāmata

das Bilderbuch

bumba

der Ball

lelle

die Puppe

spēlēt

spielen

bērnu istaba - das Kinderzimmer

smilšu kaste

der Sandkasten

šūpoles

die Schaukel

rotaļlietas

das Spielzeug

spēļu konsole

die Spielkonsole

trīsritenis

das Dreirad

plīša lācītis

der Teddy

drēbju skapis

der Kleiderschrank

apģērbs

die Kleidung

īszeķes

die Socken

zeķes

die Strümpfe

zeķbikses

die Strumpfhose

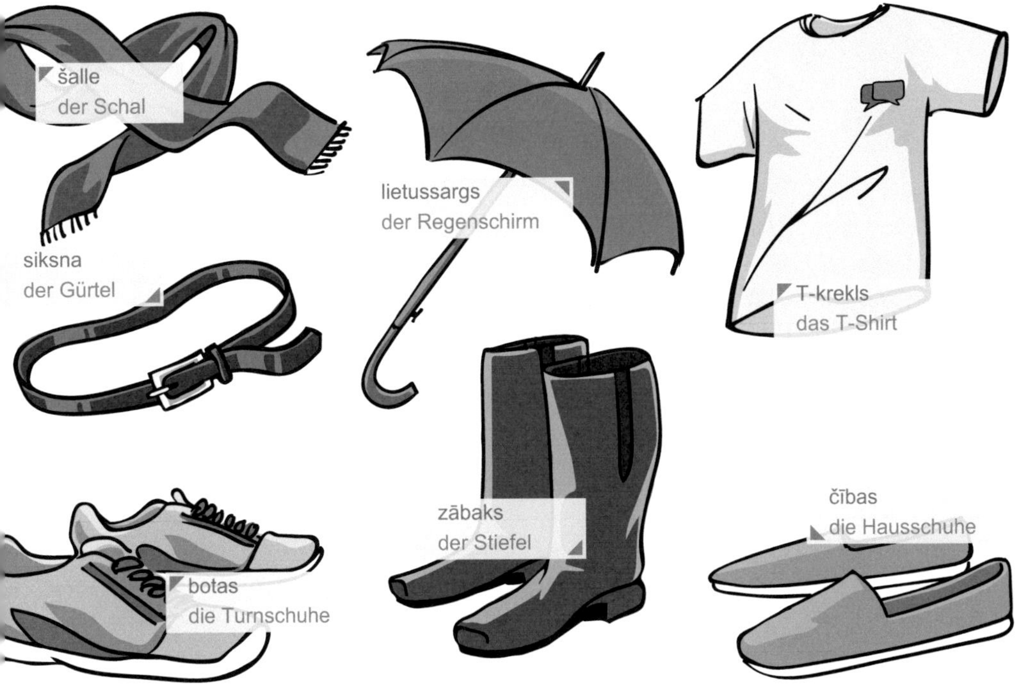

šalle
der Schal

siksna
der Gürtel

lietussargs
der Regenschirm

T-krekls
das T-Shirt

zābaks
der Stiefel

čības
die Hausschuhe

botas
die Turnschuhe

sandales

die Sandalen

kurpes

die Schuhe

gumijas zābaki

die Gummistiefel

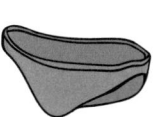

apakšbikses

die Unterhose

krūšturis

der Büstenhalter

apakškrekls

das Unterhemd

bodijs

der Body

bikses

die Hose

džinsi

die Jeans

svārki

der Rock

blūze

die Bluse

krekls

das Hemd

pulovers

der Pullover

džemperis

der Kapuzenpullover

žakete

der Blazer

jaka

die Jacke

mētelis

der Mantel

lietus mētelis

der Regenmantel

kostīms

das Kostüm

kleita

das Kleid

kāzu kleita

das Hochzeitskleid

uzvalks

der Anzug

naktskrekls

das Nachthemd

pidžama

der Schlafanzug

sari

der Sari

lakats

das Kopftuch

turbāns

der Turban

burka

die Burka

kaftāns

der Kaftan

abaja

die Abaya

peldkostīms

der Badeanzug

peldbikses

die Badehose

šorti

die kurze Hose

treniņtērps

der Trainingsanzug

priekšauts

die Schürze

cimdi

die Handschuhe

poga

der Knopf

brilles

die Brille

rokassprādze

das Armband

kaklarota

die Halskette

gredzens

der Ring

auskars

der Ohrring

cepure

die Mütze

drēbju pakaramais

der Kleiderbügel

platmale

der Hut

kaklasaite

die Krawatte

rāvējslēdzējs

der Reißverschluss

ķivere

der Helm

bikšturi

der Hosenträger

skolas forma

die Schuluniform

uniforma

die Uniform

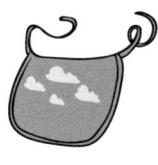

priekšautiņš

das Lätzchen

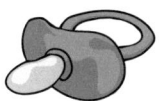

māneklis

der Schnuller

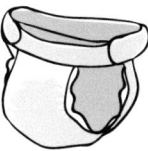

autiņbiksītes

die Windel

birojs

das Büro

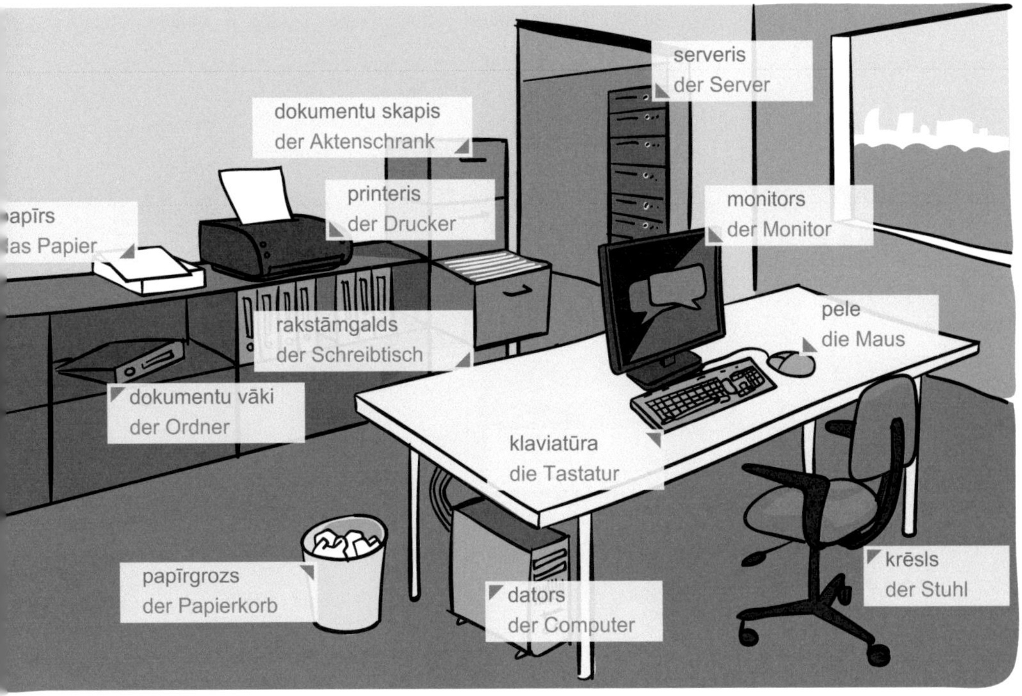

serveris
der Server
dokumentu skapis
der Aktenschrank
apīrs
as Papier
printeris
der Drucker
monitors
der Monitor
rakstāmgalds
der Schreibtisch
pele
die Maus
dokumentu vāki
der Ordner
klaviatūra
die Tastatur
papīrgrozs
der Papierkorb
dators
der Computer
krēsls
der Stuhl

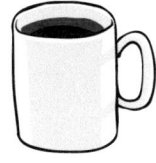

kafijas krūze

der Kaffeebecher

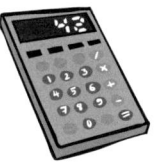

kalkulators

der Taschenrechner

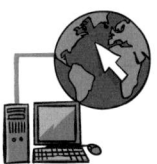

internets

das Internet

portatīvais dators
der Laptop

vēstule
der Brief

ziņa
die Nachricht

mobilais tālrunis
das Handy

tīkls
das Netzwerk

kopētājs
der Kopierer

programmatūra
die Software

telefons
das Telefon

rozete
die Steckdose

faksa aparāts
das Fax

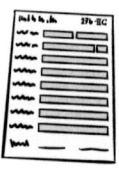

formulārs
das Formular

dokuments
das Dokument

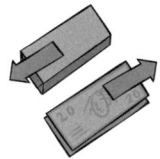

pirkt

kaufen

samaksāt

bezahlen

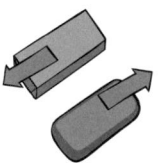

tirgot

handeln

nauda

das Geld

dolārs

der Dollar

eiro

der Euro

jēna

der Yen

rublis

der Rubel

franks

der Franken

juaņa renminbi

der Renminbi Yuan

rūpija

die Rupie

bankomāts

der Geldautomat

valūtas maiņas punkts

die Wechselstube

zelts

das Gold

sudrabs

das Silber

nafta

das Öl

enerģija

die Energie

cena

der Preis

līgums

der Vertrag

nodoklis

die Steuer

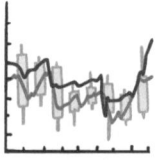

akcija

die Aktie

strādāt

arbeiten

darbinieks

der Angestellte

darba devējs

der Arbeitgeber

fabrika

die Fabrik

veikals

das Geschäft

profesijas
die Berufe

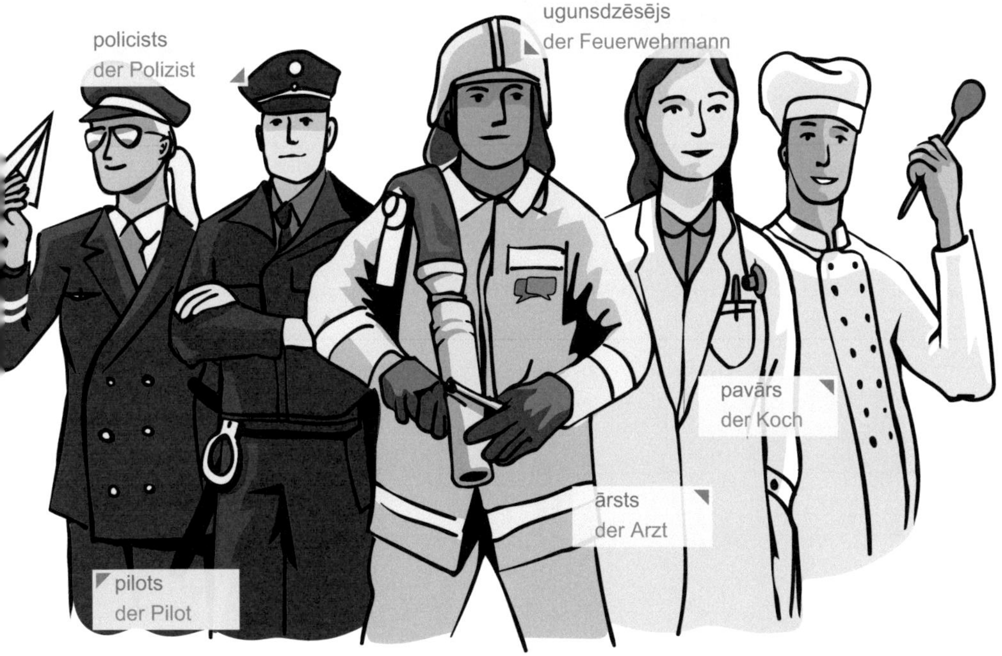
policists
der Polizist
ugunsdzēsējs
der Feuerwehrmann
pavārs
der Koch
ārsts
der Arzt
pilots
der Pilot

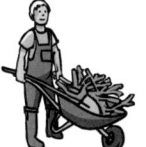

dārznieks

der Gärtner

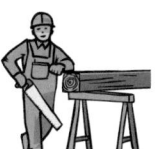

galdnieks

der Tischler

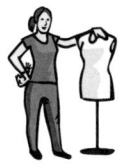

šuvēja

die Näherin

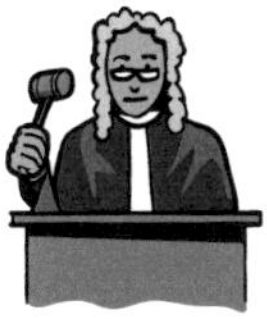

tiesnesis

der Richter

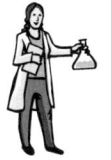

ķīmiķis

der Chemiker

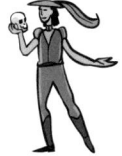

aktieris

der Schauspieler

autobusa vadītājs

der Busfahrer

taksometra vadītājs

der Taxifahrer

zvejnieks

der Fischer

apkopēja

die Putzfrau

jumiķis

der Dachdecker

viesmīlis

der Kellner

mednieks

der Jäger

gleznotājs

der Maler

maiznieks

der Bäcker

elektriķis

der Elektriker

celtnieks

der Bauarbeiter

inženieris

der Ingenieur

miesnieks

der Schlachter

skārdnieks

der Klempner

pastnieks

der Postbote

karavīrs

der Soldat

arhitekts

der Architekt

kasieris

der Kassierer

florists

der Florist

frizieris

der Friseur

konduktors

der Schaffner

mehāniķis

der Mechaniker

kapteinis

der Kapitän

zobārsts

der Zahnarzt

zinātnieks

der Wissenschaftler

rabīns

der Rabbi

imāms

der Imam

mūks

der Mönch

mācītājs

der Geistliche

instrumenti

die Werkzeuge

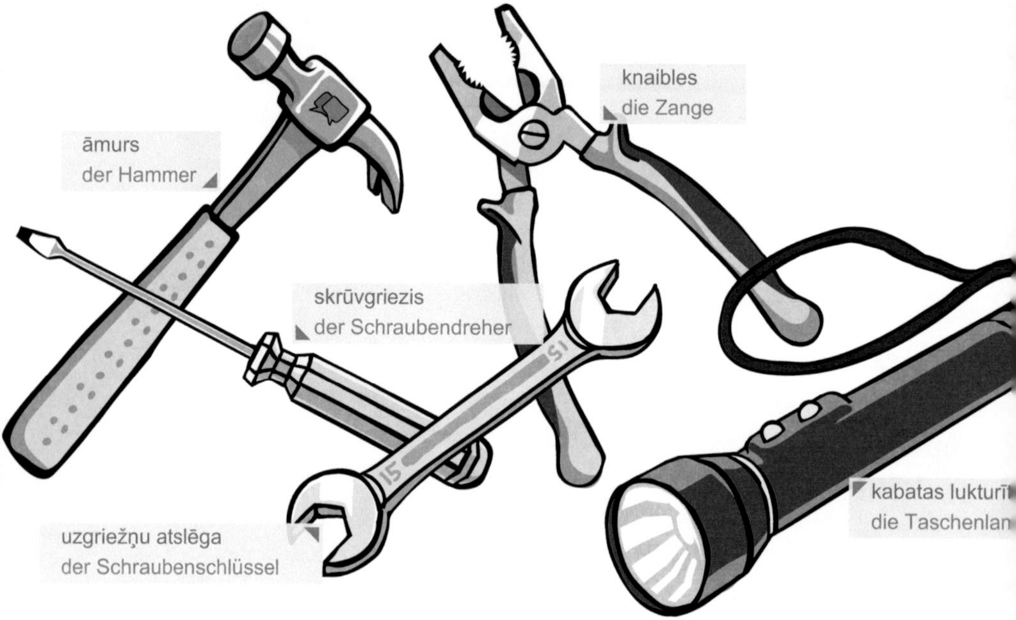

āmurs
der Hammer
knaibles
die Zange
skrūvgriezis
der Schraubendreher
uzgriežņu atslēga
der Schraubenschlüssel
kabatas lukturī
die Taschenlan

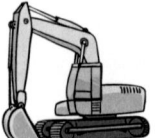

ekskavators

der Bagger

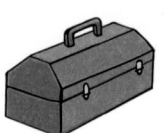

instrumentu kaste

der Werkzeugkasten

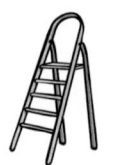

kāpnes

die Leiter

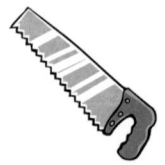

zāģis

die Säge

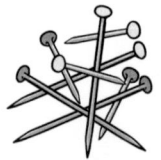

naglas

die Nägel

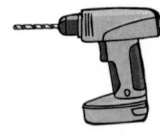

urbis

der Bohrer

remontēt
reparieren

lāpsta
die Schaufel

Velns!
Mist!

liekšķere
das Kehrblech

krāsas bundža
der Farbtopf

skrūves
die Schrauben

mūzikas instrumenti
die Musikinstrumente

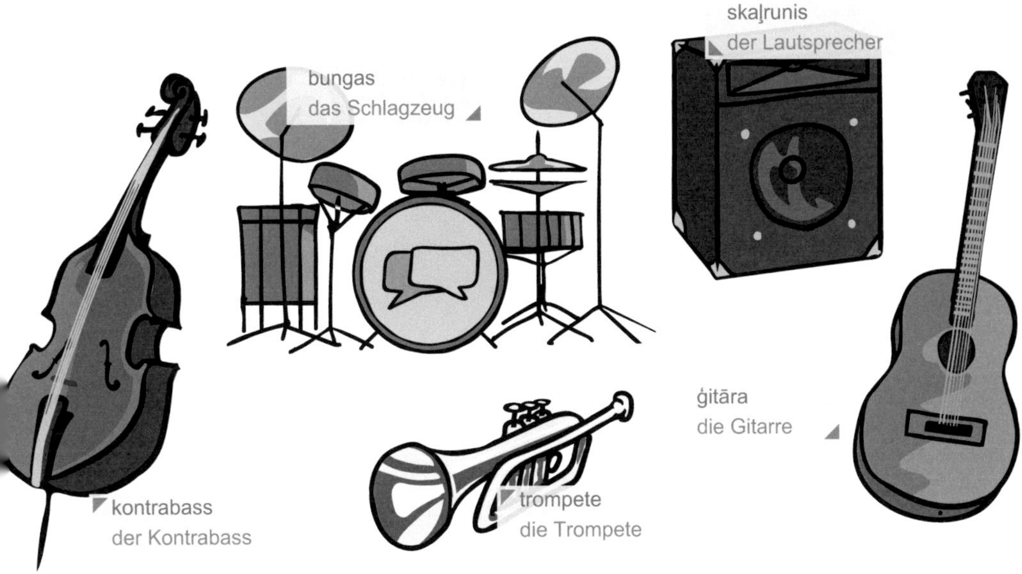

skaļrunis
der Lautsprecher

bungas
das Schlagzeug

ģitāra
die Gitarre

kontrabass
der Kontrabass

trompete
die Trompete

klavieres

das Klavier

vijole

die Violine

bass

der Bass

timpāni

die Pauke

bungas

die Trommeln

digitālās klavieres

das Keyboard

saksofons

das Saxophon

flauta

die Flöte

mikrofons

das Mikrofon

zooloģiskais dārzs
der Zoo

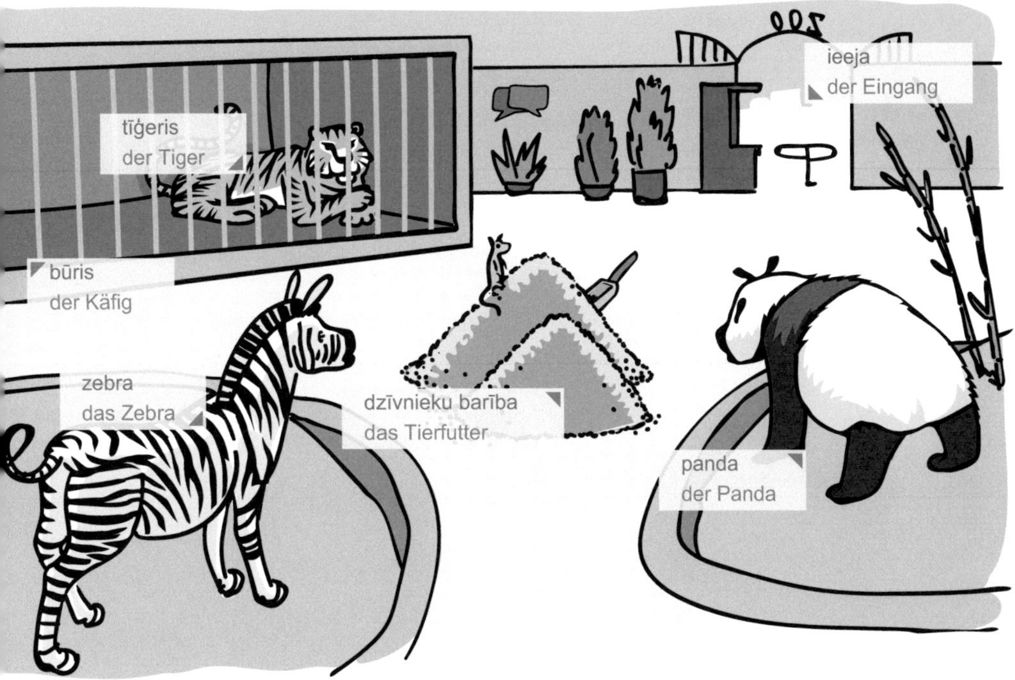
ieeja
der Eingang
tīģeris
der Tiger
būris
der Käfig
zebra
das Zebra
dzīvnieku barība
das Tierfutter
panda
der Panda

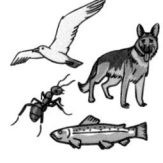

dzīvnieki

die Tiere

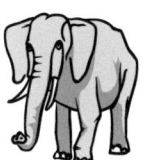

zilonis

der Elefant

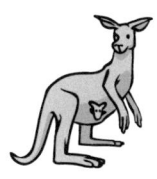

ķengurs

das Känguruh

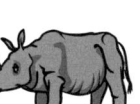

degunradzis

das Nashorn

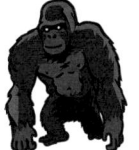

gorilla

der Gorilla

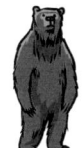

lācis

der Bär

kamielis
das Kamel

strauss
der Strauß

lauva
der Löwe

pērtiķis
der Affe

flamings
der Flamingo

papagailis
der Papagei

polārlācis
der Eisbär

pingvīns
der Pinguin

haizivs
der Hai

pāvs
der Pfau

čūska
die Schlange

krokodils
das Krokodil

zoodārza sargs
der Zoowärter

ronis
die Robbe

jaguārs
der Jaguar

ponijs

das Pony

leopards

der Leopard

nīlzirgs

das Nilpferd

žirafe

die Giraffe

ērglis

der Adler

meža cūka

das Wildschwein

zivs

der Fisch

bruņurupucis

die Schildkröte

valzirgs

das Walross

lapsa

der Fuchs

gazele

die Gazelle

amerikāņu futbols
das American Football

riteņbraukšana
das Radfahren

teniss
das Tennis

basketbols
der Basketball

peldēšana
das Schwimmen

bokss
das Boxen

hokejs
das Eishockey

futbols

der Fußball

badmintons

das Badminton

vieglatlētika

die Leichtathletik

rokas bumba

der Handball

slēpošana

das Skilaufen

polo

das Polo

smieties
lachen

lēkt
springen

apskaut
umarmen

iet
gehen

dziedāt
singen

sapņot
träumen

lūgt
beten

skūpstīt
küssen

rakstīt

schreiben

zīmēt

zeichnen

rādīt

zeigen

spiest

drücken

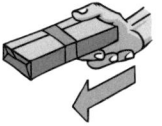

dot

geben

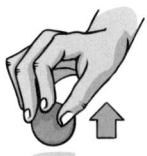

ņemt

nehmen

būt

haben

darīt

tun

būt

sein

stāvēt

stehen

skriet

laufen

vilkt

ziehen

mest

werfen

krist

fallen

gulēt

liegen

gaidīt

warten

nest

tragen

sēdēt

sitzen

uzģērbt

anziehen

gulēt

schlafen

pamosties

aufwachen

skatīties
ansehen

raudāt
weinen

glāstīt
streicheln

ķemmēt
kämmen

runāt
reden

saprast
verstehen

jautāt
fragen

dzirdēt
hören

dzert
trinken

ēst
essen

sakārtot
aufräumen

mīlēt
lieben

vārīt
kochen

braukt
fahren

lidot
fliegen

burot

segeln

rēķināt

rechnen

lasīt

lesen

mācīties

lernen

strādāt

arbeiten

precēties

heiraten

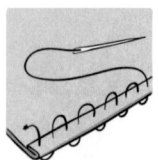

šūt

nähen

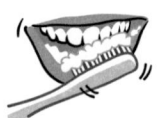

tīrīt zobus

Zähne putzen

nogalināt

töten

smēķēt

rauchen

sūtīt

senden

ģimene
die Familie

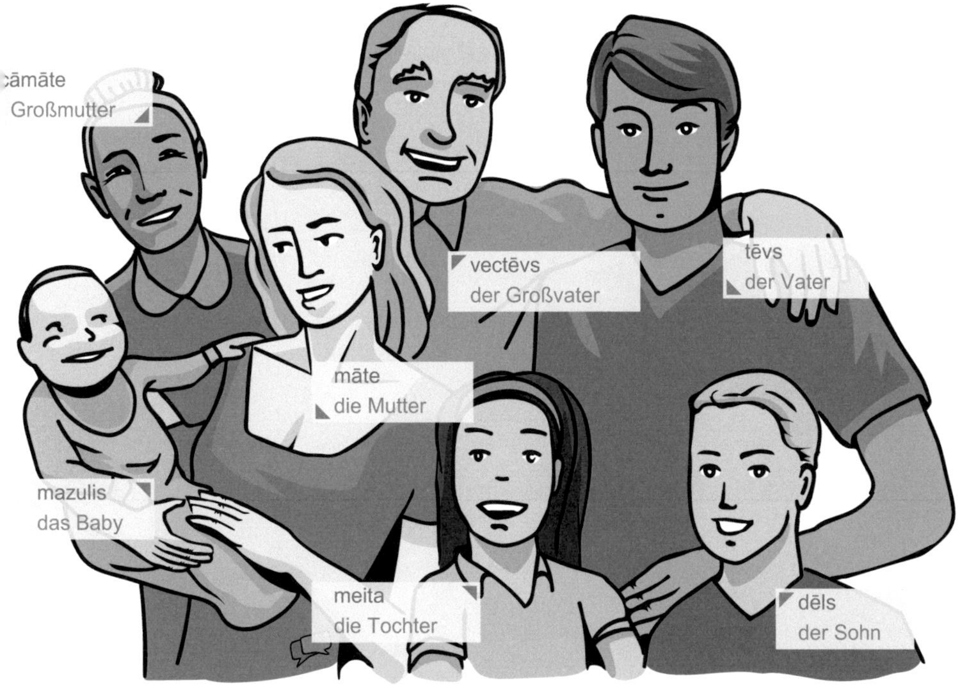

āmāte
Großmutter
vectēvs
der Großvater
tēvs
der Vater
māte
die Mutter
mazulis
das Baby
meita
die Tochter
dēls
der Sohn

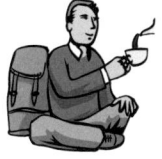

viesis

der Gast

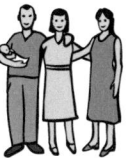

tante

die Tante

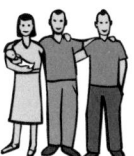

onkulis

der Onkel

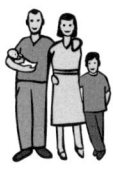

brālis

der Bruder

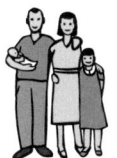

māsa

die Schwester

ķermenis

der Körper

piere
die Stirn
acs
das Auge
plecs
die Schulter
pirksts
der Finger
seja
das Gesicht
zods
das Kinn
roka
die Hand
kāja
das Bein
krūtis
die Brust
roka
der Arm

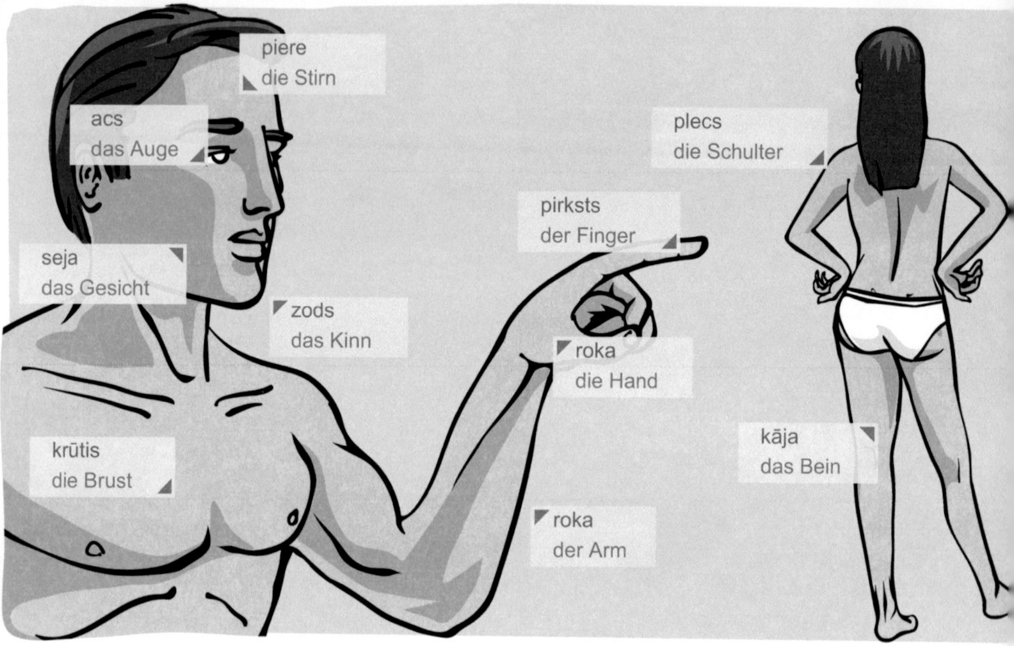

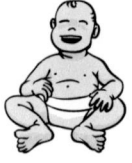

mazulis

das Baby

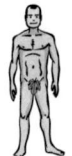

vīrietis

der Mann

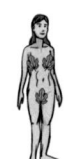

sieviete

die Frau

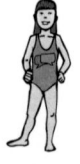

meitene

das Mädchen

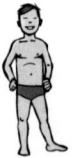

zēns

der Junge

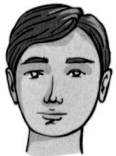

galva

der Kopf

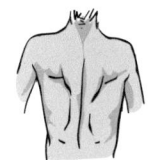

mugura

der Rücken

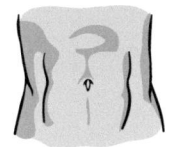

vēders

der Bauch

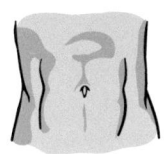

naba

der Nabel

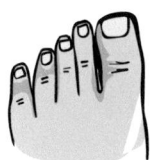

kājas pirksts

der Zeh

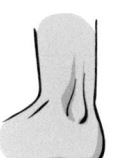

papēdis

die Ferse

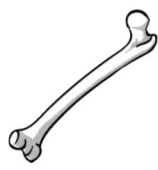

kauls

der Knochen

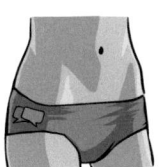

gurns

die Hüfte

celis

das Knie

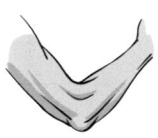

elkonis

der Ellenbogen

deguns

die Nase

dibens

das Gesäß

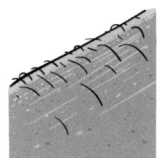

āda

die Haut

vaigs

die Wange

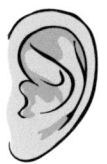

auss

das Ohr

lūpa

die Lippe

mute

der Mund

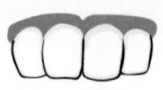

zobs

der Zahn

mēle

die Zunge

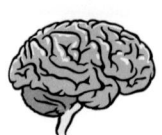

smadzenes

das Gehirn

sirds

das Herz

muskulis

der Muskel

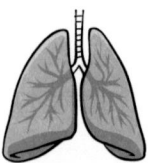

plaušas

die Lunge

aknas

die Leber

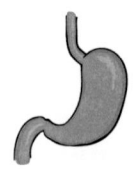

kuņģis

der Magen

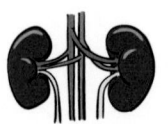

nieres

die Nieren

dzimumakts

der Geschlechtsverkehr

kondoms

das Kondom

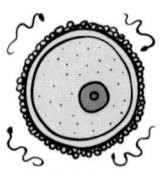

olšūna

die Eizelle

sperma

das Sperma

grūtniecība

die Schwangerschaft

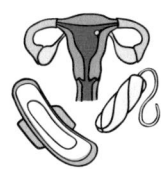

menstruācijas

die Menstruation

vagīna

die Vagina

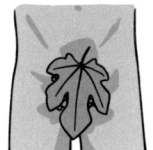

penis

der Penis

uzacs

die Augenbraue

mati

das Haar

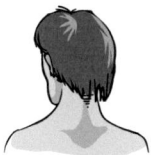

kakls

der Hals

slimnīca
das Krankenhaus

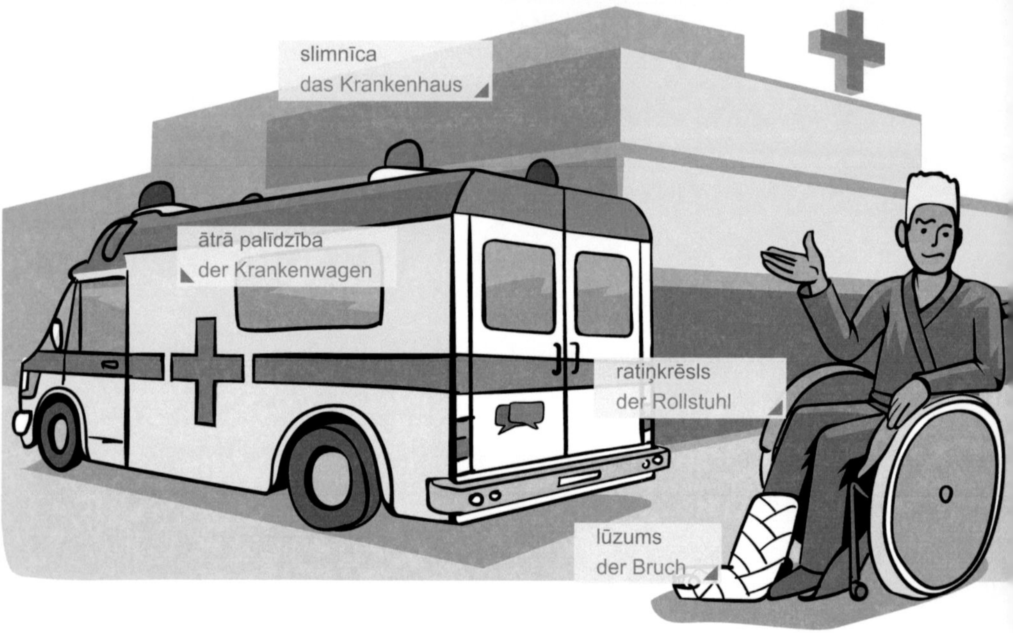

slimnīca
das Krankenhaus
ātrā palīdzība
der Krankenwagen
ratiņkrēsls
der Rollstuhl
lūzums
der Bruch

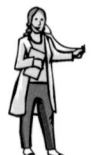

ārsts

der Arzt

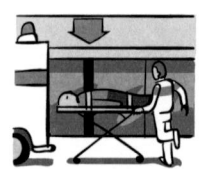

neatliekamās palīdzības nodaļa

die Notaufnahme

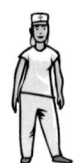

medmāsa

die Krankenschwester

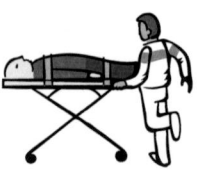

ārkārtas gadījums

der Notfall

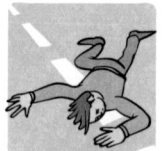

paģībis

ohnmächtig

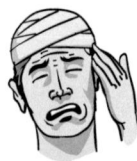

sāpes

der Schmerz

ievainojums

die Verletzung

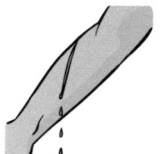

asiņošana

die Blutung

sirdslēkme

der Herzinfarkt

insults

der Schlaganfall

alerģija

die Allergie

klepus

der Husten

temperatūra

das Fieber

gripa

die Grippe

caureja

der Durchfall

galvassāpes

die Kopfschmerzen

vēzis

der Krebs

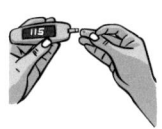

diabēts

die Diabetis

ķirurgs

der Chirurg

skalpelis

das Skalpell

operācija

die Operation

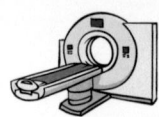

datortomogrāfija

das CT

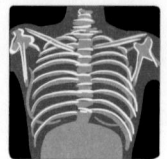

rentgents

das Röntgen

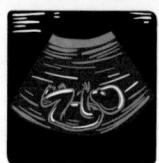

ultraskaņa

das Ultraschall

sejas maska

die Maske

slimība

die Krankheit

uzgaidāmā telpa

das Wartezimmer

kruķis

die Krücke

plāksteris

das Pflaster

apsējs

der Verband

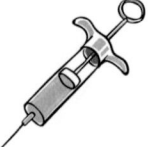

injekcija

die Injektion

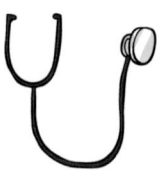

stetoskops

das Stethoskop

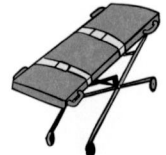

nestuves

die Trage

termometrs

das Thermometer

dzemdības

die Geburt

liekais svars

das Übergewicht

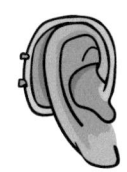

dzirdes aparāts
das Hörgerät

dezinfekcijas līdzeklis
das Desinfektionsmittel

infekcija
die Infektion

vīruss
das Virus

HIV / AIDS
das HIV / AIDS

zāles
die Medizin

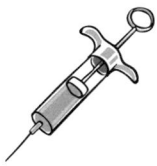

pote
die Impfung

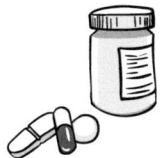

tabletes
die Tabletten

pretapaugļošanās tablete
die Pille

ārkārtas izsaukums
der Notruf

asinsspiediena mērītājs
das Blutdruck-Messgerät

slims / vesels
krank / gesund

Palīgā!

Hilfe!

trauksme

der Alarm

uzbrukums

der Überfall

uzbrukums

der Angriff

bīstamība

die Gefahr

avārijas izeja

der Notausgang

Uguns!

Feuer!

ugunsdzēšamais aparāts

der Feuerlöscher

negadījums

der Unfall

pirmās palīdzības aptieciņa

der Erste-Hilfe-Koffer

SOS

SOS

policija

die Polizei

Eiropa

das Europa

Ziemeļamerika

das Nordamerika

Dienvidamerika

das Südamerika

Āfrika

das Afrika

Āzija

das Asien

Austrālija

das Australien

Atlantijas okeāns

der Atlantik

Klusais okeāns

der Pazifik

Indijas okeāns

der Indische Ozean

Dienvidu okeāns

der Antarktische Ozean

Ziemeļu ledus okeāns

der Arktische Ozean

Ziemeļpols

der Nordpol

Dienvidpols

der Südpol

Antarktika

die Antarktis

zeme

die Erde

zeme

das Land

jūra

das Meer

sala

die Insel

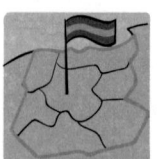

nācija

die Nation

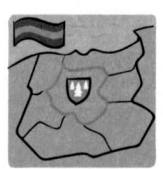

valsts

der Staat

ciparnīca

das Zifferblatt

stundu rādītājs

der Stundenzeiger

minūšu rādītājs

der Minutenzeiger

sekunžu rādītājs

der Sekundenzeiger

Cik ir pulkstenis?

Wie spät ist es?

diena

der Tag

laiks

die Zeit

tagad

jetzt

digitālais pulkstenis

die Digitaluhr

minūte

die Minute

stunda

die Stunde

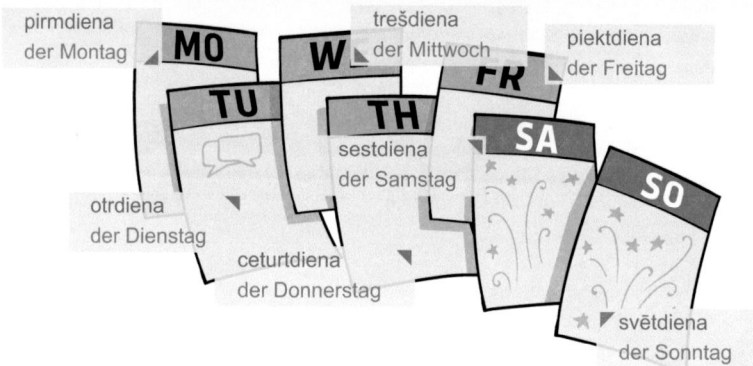

pirmdiena
der Montag

trešdiena
der Mittwoch

piektdiena
der Freitag

otrdiena
der Dienstag

sestdiena
der Samstag

ceturtdiena
der Donnerstag

svētdiena
der Sonntag

vakardien

gestern

šodien

heute

rītdien

morgen

rīts

der Morgen

pusdienlaiks

der Mittag

vakars

der Abend

darbadienas

die Arbeitstage

MO	TU	WE	TH	FR	SA	SU
1	2	3	4	5	6	7
8	9	10	11	12	13	14
15	16	17	18	19	20	21
22	23	24	25	26	27	28
29	30	31	1	2	3	4

brīvdienas

das Wochenende

varavīksne
der Regenbogen

lietus
der Regen

sniegs
der Schnee

vējš
der Wind

pavasaris
der Frühling

vasara
der Sommer

rudens
der Herbst

ziema
der Winter

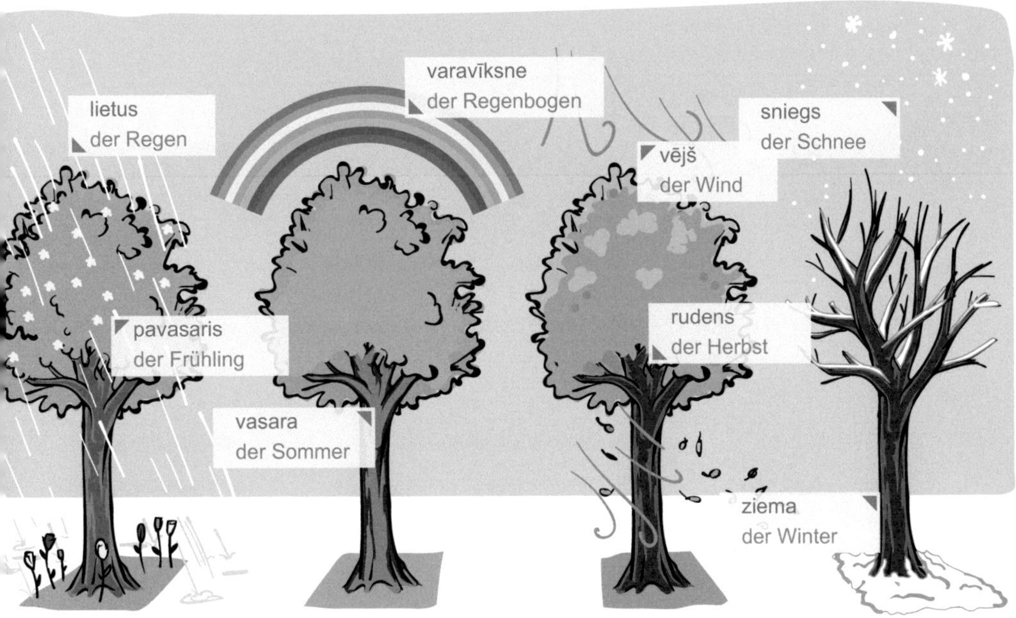

laika prognoze
die Wettervorhersage

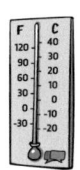

termometrs
das Thermometer

saules gaisma
der Sonnenschein

mākonis
die Wolke

migla
der Nebel

gaisa mitrums
die Luftfeuchtigkeit

zibens

der Blitz

pērkons

der Donner

vētra

der Sturm

krusa

der Hagel

musons

der Monsun

plūdi

die Flut

ledus

das Eis

janvāris

der Januar

februāris

der Februar

marts

der März

aprīlis

der April

maijs

der Mai

jūnijs

der Juni

jūlijs

der Juli

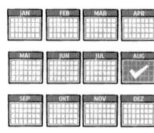

augusts

der August

septembris

der September

oktobris

der Oktober

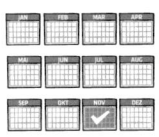

novembris

der November

decembris

der Dezember

formas
die Formen

aplis

der Kreis

kvadrāts

das Quadrat

četrstūris

das Rechteck

trīsstūris

das Dreieck

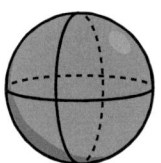

lode

die Kugel

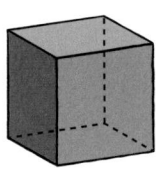

kubs

der Würfel

balts

weiß

dzeltens

gelb

oranžs

orange

sārts

pink

sarkans

rot

lillā

lila

zils

blau

zaļš

grün

brūns

braun

pelēks

grau

melns

schwarz

daudz / maz

viel / wenig

saniknots / miermīlīgs

wütend / friedlich

skaists / neglīts

hübsch / hässlich

sākums / beigas

der Anfang / das Ende

liels / mazs

groß / klein

gaišs / tumšs

hell / dunkel

brālis / māsa

er Bruder / die Schwester

tīrs / netīrs

sauber / schmutzig

pilnīgs / nepilnīgs

vollständig / unvollständig

diena / nakts

der Tag / die Nacht

miris / dzīvs

tot / lebendig

plats / šaurs

breit / schmal

baudāms / nebaudāms

geniessbar / ungeniessbar

nikns / laipns

böse / freundlich

satraukts / garlaikots

aufgeregt / gelangweilt

resns / tievs

dick / dünn

pirmais /pēdējais

zuerst / zuletzt

draugs / ienaidnieks

der Freund / der Feind

pilns / tukšs

voll / leer

ciets / mīksts

hart / weich

smags / viegls

schwer / leicht

izsalkums / slāpes

der Hunger / der Durst

slims / vesels

krank / gesund

nelegāls / legāls

illegal / legal

inteliģents / dumjš

intelligent / dumm

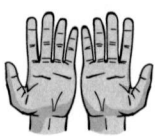

kreisais / labais

links / rechts

tuvu / tālu

nah / fern

jauns / lietots

neu / gebraucht

nekas / kaut kas

nichts / etwas

vecs / jauns

alt / jung

ieslēgts / izslēgts

an / aus

atvērts / slēgts

offen / geschlossen

kluss / skaļš

leise / laut

bagāts / nabags

reich / arm

pareizi / nepareizi

richtig / falsch

raupjš / gluds

rau / glatt

noskumis / laimīgs

traurig / glücklich

īss / garš

kurz / lang

lēns / ātrs

langsam / schnell

slapjš / sauss

nass / trocken

silts / vēss

warm / kühl

karš / miers

der Krieg / der Frieden

0

nulle

null

1

viens

eins

2

divi

zwei

3

trīs

drei

4

četri

vier

5

pieci

fünf

6

seši

sechs

7

septiņi

sieben

8

astoņi

acht

9

deviņi

neun

10

desmit

zehn

11

vienpadsmit

elf

12

divpadsmit

zwölf

13

trīspadsmit

dreizehn

14

četrpadsmit

vierzehn

15

piecpadsmit

fünfzehn

16

sešpadsmit

sechzehn

17

septiņpadsmit

siebzehn

18

astoņpadsmit

achtzehn

19

deviņpadsmit

neunzehn

20

divdesmit

zwanzig

100

simts

hundert

1.000

tūkstotis

tausend

1.000.000

miljons

million

angļu

Englisch

amerikāņu angļu

Amerikanisches Englisch

ķīniešu mandarīnu valoda

Chinesisch Mandarin

hindi

Hindi

spāņu

Spanisch

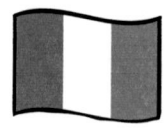

franču

Französisch

arābu

Arabisch

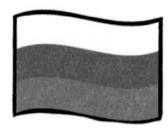

krievu

Russisch

portugāļu

Portugiesisch

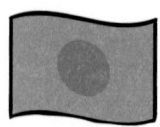

bengāļu

Bengalisch

vācu

Deutsch

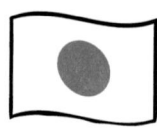

japāņu

Japanisch

es
ich

tu
du

viņš / viņa
er / sie / es

mēs
wir

jūs
ihr

viņi / viņas
sie

kas?
wer?

ko?
was?

kā?
wie?

kur?
wo?

kad?
wann?

vārds
Name

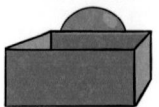

aiz

hinter

iekšā

in

priekšā

vor

virs

über

uz

auf

zem

unter

blakus

neben

starp

zwischen

vieta

der Ort